AF410889

LE JUGEMENT DE PARIS,

COMÉDIE

EN UN ACTE ET EN PROSE,

Avec un Divertiſſement.

A LONDRES,

Chez les Freres CADELLE, dans le Strand.

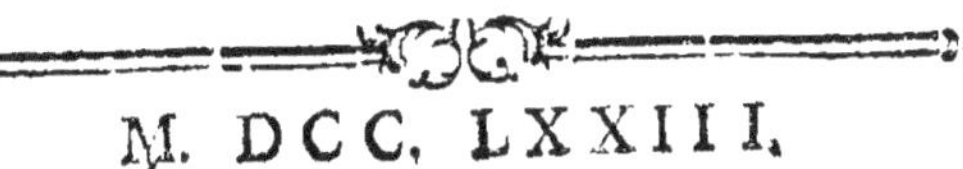

M. DCC. LXXIII.

AVERTISSEMENT

DES ÉDITEURS.

CETTE bagatelle nous fut remise, il y a quelques années, par un jeune Français, qui passoit de l'Italie dans le Nord de l'Angleterre. N'ayant pu découvrir ce qu'il est devenu, nous prenons le parti de donner sa Piece au Public, en déclarant qu'elle est fort antérieure aux Poëmes du Jugement de Paris, & de la Pariséide, avec lesquels, d'ailleurs, elle n'a rien de commun. Si l'Auteur eût vécu, car il y a tout lieu de croire qu'il n'existe plus, il auroit pu développer un nouveau fond de richesse dans le Comique, si cependant la critique ne l'eût pas arrêté dès le premier pas : il étoit, à cet égard, d'une sensibilité excessive.

PERSONNAGES.

JUNON.

VENUS.

PALLAS.

MOMUS.

PARIS.

ŒNONE.

La Scene eſt au pied du Mont Ida.

LE JUGEMENT
DE PARIS,
COMÉDIE.

SCENE PREMIERE.

PARIS, ŒNONE.

PARIS.

Votre pere me refuse pour gendre, fous prétexte que je fuis trop jeune ; mais, en effet, parce que je fuis un pauvre orphelin, délaiffé dans ces lieux prefqu'en naiffant, qu'on n'a pu décou-

vrir encore quelle eſt ma patrie ni à qui je dois
le jour, il m'humilie cruellement ; mais, n'im-
porte, je vous adore, chere Œnone, & je ne
changerai jamais.

Œ N O N E.

Quel ſera le gage de tes ſentiments ?

P A R I S.

Je vous le jure ; oui, je jure à vos Pieds....

Œ N O N E.

Doucement, recommencez ce ſerment-là. Moins
de politeſſe, mon aimable berger, votre timidité
n'eſt plus de ſaiſon. Allons, ſois familier avec ton
amie.

P A R I S.

Eh bien, je te jure par Jupiter....

Œ N O N E.

Qui, ce Dieu qui s'eſt fait un jeu de tromper
tant de beautés ? Le bon garant que j'aurois là
de ta fidélité !

P A R I S.

Par la mere d'Amour.....

Œ N O N E.

Venus ? j'aimerois mieux cette Déeſſe là, quoique cependant ſes aventures avec Adonis, Anchiſe,
le Dieu Mars.... Oh ! non, cela ſent encore trop
le parjure.

(7)

P A R I S.

Eh bien ! je te jure.... par toi même, de n'aimer
jamais que toi.

Œ N O N E.

Bon cela.

P A R I S.

Et je fcelle mon ferment de ce baifer.

Œ N O N E.

Je ne te rendrai pas celui-là.

P A R I S.

A la bonne heure. Mais quel éclat nouveau fe
répand tout à coup ? Les cieux brillent d'une lumiere plus vive. Qu'annonce donc un jour fi beau ?

Œ N O N E.

La plus fuperbe fête de l'Olympe. C'eft aujourd'hui, dit-on, que Jupiter célebre les noces
de Thétis & de Pélée. Jamais rien de fi beau ne
parut encore : toutes les Divinités de la terre &
des eaux affiftent à cette pompeufe cérémonie.

P A R I S.

De qui Tient-on cette nouvelle ?

Œ N O N E.

On cite la jeune Hebé, cette Nymphe autrefois
notre compagne. On dit qu'on l'a vu ce matin
defcendre dans nos prairies, & cueillir les bouquets

pour les Convives du feſtin.... L'éclat a redoublé.
J'entends du bruit.

P A R I S.

Quelqu'un vient en effet.

Œ N O N E.

Ah ! gardons qu'on ne nous ſurprenne enſemble : cachons - nous au fond de ce bois.

S C E N E I I.

VENUS , JUNON , MOMUS , PALLAS.

M O M U S.

Un moment, Meſdames, arrêtez - donc.

Toutes les trois, *enſemble.*

Elle eſt à moi.

J U N O N.

A moi, vous dis–je, je vous trouve toutes les
deux bien hardies.

V E N U S.

Moi, franchement, un peu vaines.

P A L L A S

Et moi, bien folles.

MOMUS.

(9)

M O M U S.

Bon dialogue ; en trois mots, trois injures : nos Déeffes s'humanifent.

J U N O N.

Epoufe du Souverain maître de l'Univers, me contefter le moindre de mes avantages !

P A L L A S.

Difputer à la valeur le prix de la beauté !

V E N U S.

Et moi qui.... Ah ! que cette difpute m'excede, je crois en vérité qu'elles réuffiroient à m'enlaidir. Finiffons, Momus, va nous chercher Paris.

M O M U S.

Comment, vous quittez déjà la partie ! vous n'y penfez pas, Déeffe, c'eft avouer votre defaite ; croyez - moi, de la vigueur ; tenez bon.

V E N U S.

La folie fe divertit.

M O M U S.

Moi, Déeffe ! affurément vous ne me rendez pas juftice. Rire d'une querelle auffi grave ! dont l'objet eft auffi important ! auffi noble !

P A L L A S.

Depuis quand le Dieu des foux fe mêle-t-il d'être Philofophe ?

B

MOMUS.

Depuis que vous avez ceffé de l'être , divine Sageffe ; cette terre eft maintenant mon domaine ; je vous ai remplacé.

PALLAS.

Les hommes ne conviendront point de cela , & la fageffe.....

MOMUS.

A le département de leurs penfées ; mais celui de leurs actions m'appartient, cela eft certain.

PALLAS.

Il eft certain que nous ne ferons jamais d'accord, cela eft dans l'ordre ; mais qui vous a prié, Monfieur le railleur , de venir avec nous ? Il me femble que nous ne fommes guere faits pour aller de compagnie.

MOMUS.

Ma foi, Déeffe, puifque vous me forcez à l'aveu, c'eft bien contre mon gré fi je vous accompagne, tout l'Olympe en eft témoin. J'étois dans un coin de la Salle du Banquet, où je m'amufois à rire avec quelques Dieux fubalternes, de la noble émulation avec laquelle vous vous difputiez cette Pomme, que la difcorde venoit de jetter fur la table. Jupiter m'a remarqué du coin de l'œil ; il m'a appellé, & m'a dit : Momus, va-t-en avec ces trois Déeffes, en Phrigie, fur le Mont Ida, tu y trouveras le

beau Berger Paris, remets - lui cette Pomme, en
lui ordonnant de ma part de l'adjuger à celle des
trois, dont la beauté sera la plus parfaite à ses
yeux. J'ai eu beau représenter que ce message ap-
partenoit de droit à l'ami Mercure, qu'il étoit en
titre le meneur des Belles. J'ordonne, obéis, a re-
pris Jupiter : étoit-ce à moi de résister ? Vouliez-vous
que je me fusse attiré le sort de ce pauvre Vulcain,
qu'un coup de pied.... Ah ! belle Venus, voilà un
sentiment qui n'est pas céleste, vous riez quand on
parle de la disgrace d'un malheurex époux ?

VENUS.

Eh ! laisse en paix son titre ; j'ai bien besoin que
tu viennes m'attrister du souvenir de ce que j'ai de
commun avec lui.

MOMUS.

Il devoit être diablement laid ; quand au moyen
des filets qu'il avoit tendus, il vous surprit avec
un certain Dieu, qui ne faisoit pas la guerre pour
lors.... Eh bien ! ne voilà - t - il pas votre gaieté
revenue ?

PALLAS.

Vous perdez le temps, allez donc chercher ce
Berger.

MOMUS.

J'y vais.

JUNON.

Un mot auparavant ; retirons-nous un peu.

PALLAS.

Point de myftere, parlez haut.

JUNON.

Très - volontiers; Momus, ce Paris que l'on nous donne pour Juge, dis-moi, eft-ce un fimple Berger ? Ses parents font-ils riches, ou pafteurs comme lui ?

MOMUS.

C'eft de quoi je puis parfaitement vous inftruire, Jupiter m'a conté toute fon hiftoire. Le pere de ce prétendu Berger eft le Roi Priam, qui, fur la foi d'un Oracle, le condamna à la mort dès fa naiffance. L'Officier qui fut chargé de cet ordre, touché de compaffion, au lieu de le faire mourir, vint l'expofer dans ces lieux retirés ; des Pafteurs le reçurent & l'ont élevé dans leur état champê- tre ; il ignore encore qu'il eft Prince.

PALLAS.

Momus....

MOMUS.

Eh bien.

PALLAS.

Mon cher Momus....

MOMUS.

Ah ! je vous entends; vous avez, auffi vous, quelque queftion à me propofer, & vous craignez que je n'aie fur le cœur le petit compliment.... Par- lez, parlez franchement ; je fuis fans rancune.

PALLAS.

Dis-moi, mon cher ami.....

MOMUS.

Point d'hypocrisie, ou je me fâcherois tout de bon. Mal pour mal, j'aime encore mieux voir la Sagesse altiere que rampante.

PALLAS.

Eh bien, Momus, Paris est-il ambitieux? Aime-t-il la gloire?

MOMUS.

Il ne la connoît pas encore; mais vous devez bien juger qu'étant jeune, & fils de Roi, il possede toutes les qualités qui sont propres à former un Héros.

VENUS, *d'un ton avantageux.*

Est-il marié, ce beau Berger?

MOMUS, *sur le même ton.*

Non, Déesse, c'est encore une conquête à faire. Il est aussi beau qu'Adonis, vous ne perdrez rien au change; mais je vous préviens que vous aurez une rivale.

VENUS.

Treve de raillerie, s'il vous plaît.

MOMUS.

Vous vous moquez, Déesse; c'est le seul revenant bon de mon emploi. N'allez-vous pas vous formaliser, aussi vous?

VENUS.

Moi? Non vraiment. J'ai toujours trop été de
ses amies. Mais, férieufement, Paris a donc une
Maîtreffe ?

MOMUS.

Oui : fon nom eft Œnone.

ŒNONE, *dans le fond du Théâtre.*

On parle de moi, écoutons.

MOMUS.

Belle & naïve comme Aglaé , la plus chérie de
vos graces, elle eft digne en tout du beau Berger
qui l'adore. Ce couple charmant, l'ornement de ces
lieux enchantés, n'a connu, jufqu'à ce jour, que
le plaifir d'aimer & le bonheur de plaire, mais il
touche au terme de fa félicité : le pere d'Œnone
ne confentira point ; à leur union ; il a déjà rejetté
la priere de Paris. Trompé par les apparences.....
Hem.... (*en s'avançant vers le fond du Théâtre.*)
Il croit que ce n'eft qu'un miférable aventurier,
fans fortune..... Ah ! je vous y furprends, la belle ;
que faites - vous donc là ?

SCENE III.

VENUS , JUNON , MOMUS , PALLAS.

ŒNONE, *toujours dans le fond du Théâtre.*

ŒNONE.

EH ! mais ! vous-même, je viens voir ce que vous y êtes venue faire. Vous nous avez causé une frayeur mortelle : à qui donc en voulez-vous ? Qui font ces aventurieres là ? Quelle eft celle-ci avec ce vilain plumage fur la tête, qui me regarde de travers, appuyée fur un grand bâton ; & cette autre qui, je crois, n'a jamais fçu rire de fa vie, tant fa gravité eft trifte ; & cette intrigante là , qui m'a tout l'air d'une franche coquette, avec fes tons fucrés & fes yeux radoucis ? Qui font donc tous ces gens-là ? Qu'eft-ce donc que tout cela veut dire ?

JUNON.

Quelle eft cette petite fille ?

MOMUS.

Déeffe, c'eft Œnone, cette jeune Bergere, la Maîtreffe de Paris, dont je vous faifois à l'inftant le portrait.

ŒNONE.

Des Déeffes !

M O M U S.

Elle fait ici le vôtre d'une maniere qui vous étonneroit, fur ma parole. Pefte, cet enfant-là eft bien plus habile que je ne penfois.

V E N U S.

Hé bien ! ne peut-on la voir, cette chere enfant ? Qu'elle approche.

Œ N O N E.

Adieu, Monfieur, on m'attend.

M O M U S.

Arrêtez, un mot ; nous cherchons Paris : c'eft l'objet de notre voyage ; il faut que vous l'ameniez ici, ces Dames veulent le confulter fur un point des plus délicat.

Œ N O N E.

(*à part.*)

O Ciel ! elles viennent pour m'enlever mon Amant.... (*haut.*) Monfieur, eft-ce que je ne puis pas bien leur donner moi-même les éclairciffements dont elles ont befoin ?

M O M U S.

Oh ! non vraiment, cela ne fe peut ; ces Dames n'en veulent qu'à Paris : allez le chercher, vous dis-je, ne craignez rien ; je réponds de tout...., autant que je le puis.

Œnone fort.

SCENE

SCENE IV.

VENUS , JUNON , MOMUS , PALLAS.

MOMUS.

AH ! ça, Mesdames, avant que votre Juge soit
ici , il faut vous mettre en état de paroître devant
lui ; songez que c'est un jeune & timide Berger,
qu'il vous seroit facile de l'effrayer ou de le séduire ; mais songez aussi qu'il seroit honteux pour
celle qui va recevoir la Pomme de ne devoir cet
hommage qu'à son artifice, & que la beauté, pour
mériter ce nom, doit paroître encore plus char-
mante en sortant du bain, qu'en quittant la toi-
lette.

VENUS.

C'est ainsi que Venus pense.

JUNON.

Et moi de même, assurément.

MOMUS.

Et vous ?

PALLAS.

Je ne puis avoir d'autre sentiment.

MOMUS.

Puisque vous pensez, ainsi que moi, que le prix

(18)

me doit être adjugé qu'aux feules graces de la nature ,
confentez donc , Déeffes , avant d'enter en lice ,
à renoncer à toutes les impoftures de l'art ; & je
commence par vous , Déeffe de la guerre : allons ,
donnez-moi ce cafque effrayant , cette lance terri-
ble. Dans les champs de Mars cet appareil mena-
çant peut bien vous affurer le deftin des batailles ,
mais il s'agit ici de plaire , & non de faire trembler.

VENUS.

L'un eft plus aifé que l'autre.

PALLAS, *en donnant à Momus fon cafque*
& fa lance.

L'un & l'autre m'eft également facile , & mal-
gré ce fouris moqueur , j'efpere vous en donner des
preuves avant la fin du jour. (*Momus met le caf-*
que fur fa tête.)

VENUS.

C'eft être avantageufe.

PALLAS.

Que faites vous , Momus ? Ces armes la vous
fieront mal ; le deftin vous en a donné d'autres
qui vont mieux avec votre emploi.

MOMUS.

A moi , des armes ?

PALLAS.

Affurément : l'épygramme , la fatyre.

M O M U S.

Me voilà, ma foi, bien équipé avec cela, pour combattre tous les travers dont le monde est inondé : passe encore au bon vieux temps ; mais apprenez qu'aujourd'hui sur la terre le rire est hors de mode, & que l'on ne critique plus..... Que les femmes.

P A L L A S.

Et au défaut de la raillerie, c'est donc avec cette pointe là que vous voudriez percer le vice & le ridicule : Eh ! mais vraiment, vous n'auriez pas mal affaire, & si vous étiez aussi bon guerrier que vous êtes mauvais plaisant, l'univers courroit risque d'être bientôt dépeuplé.

M O M U S.

Comment ! la Sagesse s'égaye ! voilà du fruit nouveau. Mais venons à vous, ma reine : allons, rien d'imposant ; votre Manteau Royal, votre Couronne.

J U N O N.

Ah ! très-volontiers, tenez.

M O M U S.

Que faire de cela : il me prend envie d'essayer aussi de la Majesté. (*Il met le manteau.*) cela sera drôle : vous riez. Eh bien, tant mieux, j'aime fort que l'on rie, moi, fut-ce même à mes dépens.

J U N O N.

Un fou sous l'habillement d'un Guerrier & d'un Roi ! la bigarrure est complette.

(20)

MOMUS.

Et pourtant fort naturelle.... Ah ! j'oubliois....
Donnez aussi votre Sceptre & prenez ma marotte.

JUNON.

Fi donc !

MOMUS.

Donnez, vous dis-je ; je fais tous les jours de
ces échanges là.... Pour vous, belle Cypris... Comme
elle est mise ! Quelle simplicité ! Quelle élégance !
j'enrage d'être toujours forcé de l'admirer.... Non,
rien, absolument rien à reprendre.

PALLAS.

Et cette précieuse ceinture, qui renferme les ten-
dres agaceries, les molles résistances, les brûlants
desirs ; ce talisman merveilleux, qui donne avec la
beauté tous les charmes séducteurs du sentiment.

VENUS.

Eh bien ! voyez-vous que je m'en sois parée ?

MOMUS.

Pour moi, je la cherche en vain.

VENUS.

Le secours de cette ceinture ne m'est pas si né-
cessaire ; le sacrifice étoit léger, & je me suis crue
en état de vous faire ce petit avantage-là.

JUNON.

Voilà une générosité dont vous auriez pu nous
faire grace.

VENUS.

(à part.)

Bon , elles ne l'ont point apperçue.

MOMUS.

Le voilà, le voilà.

SCENE V.

VENUS, ŒNONE, *conduisant par la main*
PARIS, *qui a les yeux bandés*, MOMUS,
JUNON, PALLAS.

MOMUS.

Approchez, le beau garçon.... Mais que
vois-je? Ah ! le tour est plaisant ! La petite masque
lui a, ma foi, bandé les yeux !

ŒNONE.

Cela vous déplaît, nous nous en retournons.

MOMUS.

Hé non, petite rusée, demeurez s'il vous plaît.

ŒNONE.

Hé bien ! parlez donc ; il n'a pas besoin de ses
yeux pour entendre ce que vous avez à lui dire.

M O M U S.

Pardonnez-moi, la belle, très-grand besoin pour l'affaire dont il s'agit.

Œ N O N E.

Qu'est-ce donc que cette grande affaire?

M O M U S.

Apprenez qu'il doit vuider le plus fameux différent : il est chargé de dire à qui cette Pomme est due,

Œ N O N E.

(*Elle la prend & lit.*)

A la plus belle : bon, ce n'est que cela, grand merci, Monsieur, votre servante.

M O M U S.

(*En la retenant.*)

Que faites-vous donc ?

P A R I S.

Elle a raison : s'il est un prix pour la beauté, c'est à ma chere Œnone qu'il appartient. Il faudroit étre bien téméraire pour le lui disputer.

V E N U S.

(*à part.*)

On ne l'a point flatté : il est vraiment intéressant, ce garçon-là.

M O M U S.

J'ai pitié de ton erreur, mon cher Paris : ce

Maîtreſſe eſt ſans doute accomplie, mais il n'eſt
point du tout queſtion d'elle. Ouvre bien tes oreilles,
ce ſont les trois plus grandes Déeſſes de l'Olympe
qui ſe diſputent ce prix. Elles ſont ici même, &
c'eſt de toi qu'elles attendent leur ſort.

PARIS.

Qu'entend-je ? ô Ciel ! qui ? moi, un ſimple
Berger juger entre des immortelles !

MOMUS.

C'eſt de leur conſentement, & du choix de Jupiter. Raſſures-toi, c'eſt au Dieu Momus que tu
parles.

PARIS.

A quel titre ai-je pu m'attirer un tel honneur ?
Quelles qualités m'a-t-on donc ſuppoſées ?

MOMUS.

Tu es beau, jeune & ſenſible : voilà, crois-moi,
trois grandes qualités auprès des femmes : quitte
donc cette timidité puérile, & leve ce voile im-
portun qui te dérobe la vue....

JUNON.

Mêlez-vous de vos affaires, Mons de l'épi-
gramme : pourquoi voulez-vous qu'il ôte ce bandeau ?

• MOMUS.

Belle queſtion ! Comment, prétendez-vous qu'il
juge en aveugle ?

J U N O N.

Ne fuffit-il pas qu'il fçache qui nous fommes ?
& ne peut-il juger de notre perfection par les droits
de notre naiffance & l'éclat du rang que nous oc-
cupons ?

P A L L A S.

Sans doute, ce moyen eft fort bien imaginé ;
& j'y donne volontiers mon confentement.

J U N O N.

Apprends donc, Paris, que je fuis l'époufe du
fouverain Maître de l'Univers.

P A L L A S.

Et moi fa fille.

J U N O N.

C'eft moi qui préfide....

V E N U S.

Qu'eft - ce donc que tout cela fignifie ? (*En ar-*
rachant le bandeau de deffus les yeux de Paris.)
Ah ! finiffons la plaifanterie.

P A R I S.

(*Il ne voit encore que Junon & Pallas.*)

Que vois - je ? O Ciel ! que de charmes ! que de
beautés ! mes yeux ne peuvent fuffire à les voir,
ma langue à les exprimer.....

(*Il apperçoit Venus, & refte frappé d'extafe, les yeux*
fixés, la bouche béante, en s'écriant.)

Dieux !

J U N O N.

JUNON.

Paris.

ŒNONE.

Il eſt devenu ſourd. (*Elle appelle.*) Paris ; tes
ſerments, perfide, tes ſerments.

MOMUS.

Le pauvre garçon eſt pétrifié.... Oh ! l'ami, ré-
veille-toi, il faut juger. A qui donne - tu la
Pomme ? Regarde-les donc toutes auparavant.

P A R I S *tourne ſes regards un moment ſur les*
deux autres Déeſſes, puis les laiſſe retomber ſur
Venus, en pouſſant un ſoupir.

Ah !

P A L L A S *voyant qu'il eſt prêt de donner la*
Pomme à Venus.

Unmoment. Il y a ici un charme qu'il faut détruire.
La vraie beauté ne frappe pas d'abord ; il faut, pour
la diſtinguer, un examen plus attentif. Je demande,
avant de donner le prix, que notre juge nous voie
ſeule à ſeule, & l'une après l'autre.

V E N U S, *en ſouriant, d'un air avantageux.*

En vérité, tout ce que vous voudrez.... Vous
êtes trop aimables, l'une & l'autre, pour qu'on
puiſſe vous rien refuſer.

PALLAS.

Mon caractere eſt de ne répondre à l'ironie qu'en
la confondant : dans un moment vous allez en avoir
des preuves. Sortez ſeulement, & laiſſez - moi la
premiere ouvrir cette nouvelle lice.

D

JUNON.

Cela n'eſt pas juſte : l'épouſe de Jupiter doit, au moins, avoir le pas ſur ſa fille.

MOMUS.

Attendez ; voilà qui va vous mettre d'accord. (*Il préſente à Junon trois pailles qu'il a ramaſſees.*)

JUNON.

Comment !

MOMUS.

Tirez. La plus courte paille paſſera la premiere. Bon, c'eſt vous-même (*Il préſente enſuite à Pallas & à Venus.*) Vous enſuite, & Venus la derniere. Maintenant, Meſdames, c'eſt à vous de vous retirer, en attendant votre tour.

PALLAS.

L'entretien, au moins ne durera.....

MOMUS.

Que le temps qu'il faut aujourd'hui pour faire capituler un cœur : quatre minutes.

SCENE VI.

JUNON , MOMUS , PARIS , ŒNONE.

JUNON.

Eh bien ! te voila triste, rêveur.

ŒNONE.

Il est tout occupé de sa Venus. Que je suis tentée de la haïr, cette Déesse-là ! Mais est-elle donc si belle, si belle ?

MOMUS.

Presque autant que vous : c'est beaucoup dire.

ŒNONE.

Vous êtes un méchant, Monsieur Momus.

JUNON.

N'as-tu pas de honte de l'avilissement où tu te plonge ? Je te vois dans la bassesse, toi que la naissance appelle aux emplois les plus distingués ; toi le fils du plus grand Roi de l'Asie.

PARIS.

Moi, fils d'un Roi !

JUNON.

Oui, tu l'es ; oui, c'est ce Monarque fameux ;

c'est Priam, lui-même, qui t'a donné la vie. Mal-
heureux ! Quoi, tandis que ce Héros, couvert de
gloire, jouit sur son Trône, des adorations de la
Phrigie, son indigne fils languit ici dans le rang du
dernier des humains ! L'héritier de la superbe Troye
se contente d'être un vil Pâtre ! Tu frémis.... Hé
bien, il en est encore temps ; dis seulement un mot,
& je te rétablis dans toutes les grandeurs de ta
maison ; je te comble de richesse ; je mêts la terre
à tes pieds ; je te rends l'égal des demi-Dieux.....
Tu ne réponds rien..... Tu baisse les yeux.

ŒNONE.

Il fait bien ; il seroit beau, vraiment, qu'il suivît
votre conseil ; que, pour je ne sçais quel trône, il
abandonnât sa maîtresse, sa maîtresse si fidelle ! Passe
encore si je le suivois ; si j'étois Reine quand il
seroit Roi.

JUNON.

Assurément, c'est de même que je l'entends.

ŒNONE.

Si j'avois aussi moi bien des richesses, de beaux
diamans, de belles robes bien brillantes ?

JUNON.

Sans contredit.

ŒNONE.

Un char bien magnifique ?

J U N O N.

Des plus beaux.

Œ N O N E.

Nombre d'efclaves ?

J U N O N.

Sans doute.

M O M U S.

(*à part.*)
Voilà, ma foi, l'oifeau dans le piege.

J U N O N.

Et des courtifans d'une figure, des femmes d'une
difcrétion.... En un mot, vous n'aurez qu'à defirer,
mon enfant, tous les plaifirs feront à vos ordres.

Œ N O N E.

Mais.... vous ne me trompez pas, au moins ?

J U N O N.

Foi de Déeffe.

Œ N O N E.

Eh bien ! voilà qui eft décidé, vous aurez la
Pomme.

M O M U S.

Il faut que Paris confente à cela. Vous en tenez
dans la tête, la belle, mais lui, c'eft par le cœur
qu'il eft pris.

Œ N O N E.

Pourrois-tu bien refufer le prix à qui nous comble

à la fois de tant de bienfaits? Paris, mon cher Paris, accorde-lui cet hommage ; je te le demande au nom de notre amour.

PARIS.

Chere Œnone, tout ce que je viens d'entendre tient du prodige. Quoi! puis-je croire que ma naiſſance, le rang qu'on nous offre, tous les dons qu'on veut nous faire.....

JUNON.

Eh bien! douterois-tu de ma bienveillance?

PARIS.

Moi, Déeſſe?

JUNON.

Et tu héſite à la mériter!.... Ingrat.

PARIS.

Ah! ce reproche m'outrage. Faut-il vous proteſter, vous jurer ?....

MOMUS.

Alte-là, jeune homme; point de ferment pour ton honneur.

PARIS.

(*à part.*)

Il m'éclaire : qu'allois-je dire? Ah, Venus!

JUNON.

Eh bien!

PARIS.

Ah! comptez.... oui.... comptez....

MOMUS.

Vîte, Déeffe, détalez avec cette efpérerance-là ; votre temps eft écoulé.

ŒNONE.

Ne craignez rien ; vous ferez contente, je vous le garantis.

SCENE VII.

PARIS, ŒNONE, MOMUS.

ŒNONE.

Vivre à la Cour du Roi Priam ; être bril- lante comme ces belles Troyennes ; ô la bonne Déeffe. l'aimable Déeffe !

PARIS.

Quoi ! férieufement, tu voudrois abandonner ces lieux champêtres ; renoncer aux plaifirs purs que l'on y goûte ; aux charmes de nos paifibles entretiens ; tu pourrois quitter tout cela ?

ŒNONE.

Mais nous reviendrons, mon ami, nous revien- drons.

MOMUS.

Voici la Déeffe de la Sageffe & de la Guerre.

SCENE VIII.

ŒNONE , PARIS , MOMUS , PALLAS.

ŒNONE.

Voila une sageſſe qui à la phyſionomie bien ſévere, je ne puis la ſouffrir.

MOMUS.

Vous n'êtes pas la ſeule, mon enfant ; entr'elle & votre ſexe l'antipathie eſt générale.

PARIS.

Depuis que vous m'avez quitté, Déeſſe, ma fortune a bien changé de face.

ŒNONE.

On croyoit que ce n'étoit qu'un aventurier ; on ſera bien étonné quand on ſçaura que c'eſt un Roi, & un grand Roi encore.

MOMUS.

On ſera moins ſurpris de voir votre métamor-phoſe ; la Majeſté vous ira à mermeille, mais je vous avertis que , pour bien établir votre Puiſ-ſance, c'eſt de moi qu'il faudra prendre conſeil, ma petite reine.

ŒNONE.

ŒNONE.

De vous! vous êtes l'ami de la folie, je crois?

MOMUS.

C'est à cause de cela que je dois vous servir de guide; apprenez, ma belle poulette, que l'empire des femmes ne tient presque jamais qu'à un petit grain de folie, assaisonné par la gaieté.

ŒNONE.

Mais. . . . .

MOMUS.

Chut. Les moments sont précieux.

PALLAS.

On t'a donc révélé le mystere de ta naissance; on t'a dit la vérité : oui, tu es Prince; mais écoute, Paris, qu'est-ce que ce titre sans les qualités de l'ame qui sont les seuls trésors de la terre?

ŒNONE.

Pour des trésors, nous n'avons point à nous plaindre; assurément nous n'en manquerons pas.

PARIS.

Il est vrai que la généreuse épouse de Jupiter veut nous combler d'honneurs & de richesses.

PALLAS.

Des richesses! de l'or, apparemment?

ŒNONE.

Sans doute. Que signifie ce souris dédaigneux?

PARIS.

Pour un Roi qui songe à se rendre digne de ce nom, que voulez-vous de mieux que l'or, l'ame de tous les grands projets? Connoissez-vous, Déesse, quelque chose au-dessus?

PALLAS.

Assurément.

PARIS.

Quelle est cette chose?

PALLAS.

La sagesse.

MOMUS.

(*à part.*)

Je prévois que notre Guerriere aura de la peine à se faire entendre.

PALLAS.

Ah! mon fils, tu ne conçois pas la félicité d'un Prince qui possede un pareil trésor; image de l'Astre bienfaisant qui luit sur ta tête, c'est de lui qu'émanent la vie & l'abondance; de son trône Auguste, ses regards pénétrent dans tous les ordres de l'Etat; il vit par la pensée dans chaque famille de citoyens; il devient lui-même un simple sujet pour mieux connoître leurs besoins, & ce n'est qu'en les rendant heureux qu'il montre qu'il est Roi. Quelle satisfaction douce; quelle volupté de sen-

timent il goûte à dire chaque jour : j'ai des voi-
fins qui me refpectent, un peuple qui m'adore, des
amis qui m'aiment ! Ces plaifirs là ne font pas
brillants, mais ils font purs , & les feuls qui ne
trompent jamais.

PARIS.

Quel charme j'éprouve à l'entendre !

ŒNONE.

Elle gagne vraiment à fe faire connoître. Qui
eft-ce qui auroit penfé cela ?

PARIS.

O la plus augufte des Déeffes, écoutez ma priere.
Je fuis fatisfait de mon humble condition ; je n'ai
jamais defiré que les Dieux m'en donnaffent une
autre ; mais fi tel eft mon deftin ; fi je fuis né en
effet pour occuper un trône, ne pourriez-vous m'ac-
corder la vertu qui en rend auffi digne.

MOMUS.

Si elle le peut ! je le crois : c'eft elle qui y
préfide.

PALLAS.

Ce n'eft pas tout ; je préfide encore aux com-
bats, & je puis auffi d'apprendre le grand Art de
la Guerre.

ŒNONE.

Oh ! par exemple voilà qui eft bien différent.
Fi ! le vilain métier que de détruire le monde !

MOMUS.

La nature vous a faite pour toute autre chofe, n'eft-il pas vrai ?

PALLAS.

Raffurez - vous ; je fuis loin d'avouer tous ces Conquérants fi vantés, ces trop célebres deftruc-teurs qui rempliffent la terre du bruit de leurs cruau-tés ; leurs talents me font en horreur ; de tels monftres ne peuvent être infpirés que par les fu-ries. Mais il eft des malheurs néceffaires ; fi je fuis ton guide, mon enfant, tu n'entreprendras la guerre que pour maintenir la paix. L'injuftice de tes voi-fins pourra feule t'attirer aux champs de Mars ; c'eft alors que je volerai vers toi, j'amenerai ces deux Génies, qui, quoique iffus de moi dans le même temps, fe trouvent pourtant fi rarement enfemble ; je mettrai dans tes yeux celui de la prudence, qui fait tout voir, tout ordonner ; & dans ton cœur, celui de l'audace, qui fait tout entreprendre & tout braver : paroître & vaincre feront une même chofe ; & joignant au triomphe du Guerrier la clémence du grand Homme, tu te feras un nom auffi fameux, auffi chéri qu'immortel.

PARIS.

Je ne réfifte plus : puiffante Déeffe, accordez-moi, de grace, de fi précieux dons, & demandez-moi tout ce que vous voudrez.

ŒNONE.

(*à part.*)
Eſt-il fou? que veut-il donc faire?

PALLAS.

Tu en feras quitte à bon marché! tu tiens dans
ta main la feule récompenfe qui puiffe me flatter.

MOMUS.

(*à part*)
La raifon l'emporteroit-elle fur l'amour & fur la
fortune dans le cœur d'un jeune homme? Je fuis
curieux de voir ce nouveau prodige.

PALLAS.

Eh bien !

PARIS.

Non, non, je n'héfite pas ; vous réuniffez tous
les charmes , vous méritez tous les prix ; recevez
celui......

SCENE IX.

Les mêmes, VENUS, *paroiſſant tout-à-*
coup dans le fond du Théâtre.

Voila donc mes foupçons vérifiés,

PALLAS.

Le contre-temps funefte !

VENUS.

Le temps eſt écoulé , & cependant l'on demeure.
La Sageſſe a vraiment l'art d'endormir ſon monde.

MOMUS.

Un moment plus tard ce ſommeil là ne vous
eût pas fait rire.

PALLAS.

Je me retire ; je compte ſur toi, Paris.

MOMUS.

Que faire ici ? Il vont parler d'amour, de ſen-
timent : ces mots ſeuls me font bâiller.

(Il ſort.)

SCENE X.

ŒNONE, VENUS, PARIS.

VENUS.

Vous baiſſez les yeux l'un & l'autre. Que
s'eſt-il donc paſſé ? Vous ne répondez point.....
Vous rougiſſez. Seriez-vous par haſard un peu....

PARIS.

Que trop coupables.

VENUS.

Je gage que j'ai deviné le crime : vous m'alliez trahir.

PARIS.

Il eft vrai.

VENUS.

Cela eft un peu furprenant.

PARIS.

Inconcevable pour moi-même; mais je vous revois, Déeffe, & tout eft oublié.

VENUS.

Par quel art, par quel charme mes rivales avoient-elles donc pu vous féduire?

PARIS.

Si vous fçaviez ce qu'on m'offroit.

ŒNONE.

Et à moi.

VENUS.

Eh bien !

ŒNONE.

Junon me donnoit tous les tréfors du monde.

VENUS.

Et moi, je vous donne la beauté.

(Elle tire fa Ceinture, qui étoit cachée dans fes cheveux, & la paffe autour d'Œnone : la Bergere va fe mirer dans le ruiffeau voifin.

PARIS.

Minerve m'offroit un nom glorieux.

VENUS, *en lui remettant un papier.*

Et Venus le bonheur,

PARIS.

Que vois-je ? Le pere d'Œnone consent à notre union ! (*A Œnone, qui est venue se mettre dans la Place où étoit Venus, & qu'il prend pour cette Déesse.*) Généreuse immortelle, comment ai-je mérité tant de faveurs ? Quel prix pourra jamais m'acquitter envers vous ? (*Il se tourne du côté de Venus.*) Tiens, chere Œnone, regarde.... ô Ciel ! Quel changement ! Quel prodige ! Aussi belle que Venus !

ŒNONE *saute au col de Venus, en s'écriant.*

Ah, Déesse !

MOMUS, *paroissant dans le fond du Théâtre.*
(*à part.*)

Jupiter trouveroit peut-être mauvais que j'abandonne ainsi mon poste, c'est un Seigneur qui n'entend pas raillerie, & moi, naturellement, je n'aime pas les affaires sérieuses.

PARIS.

Divin Momus, vous voici fort à propos. Avertissez, je vous prie, les deux autres Déesses de se rendre ici ; mon choix est fait. Je sçais maintenant à qui des trois je dois donner la Pomme.....

(*Momus sort.*)

ŒNONE.

ŒNONE.

Quelle foible récompenſe pour tant de bienfaits!

VENUS.

J'ai commencé votre félicité, mes enfants, je la veux achever. Le Roi Priam, de qui tu es forti, eſt un de mes plus chers adorateurs, je vais vous mener à ſa Cour ; il te reconnoîtra pour ſon fils. Tu le remplaceras au Trône, &, t'éclairant de mon génie, j'eſpere prouver que, pour rendre un Royaume floriſſant, la mere des Amours vaut bien l'orgueilleuſe Opulence, & la froide Sageſſe.

SCENE XI.

Tous les Acteurs.

JUNON.

JE vais enfin confondre mes rivales.

PALLAS.

Je vais donc voir finir une indigne concurrence.

PARIS.

Déeſſes, écoutez de grace, & rendez-moi juſtice. Junon, vous avez flatté mon ambition, recevez mes remerciements ; Minerve a éclairé ma

raifon, elle mérite toute mon eftime ; mais Venus a gagné mon cœur, & je lui dois la Pomme......
(*Il la lui donne.*)

JUNON.

L'ingrat !

PALLAS.

Le perfide !

MOMUS.

Confolez-vous : chacune aura fon tour.

JUNON.

Comment ?

MOMUS.

Oui, felon fon âge : (*à Junon.*) Vous, quand il aura.....

ŒNONE.

Combien ?

MOMUS.

Trente ans. Pour vous, divine Sageffe.....
peut – être jamais ; mais fi cela arrive.....

ŒNONE.

Que cela foit donc bien tard.

MOMUS.

Oh ! felon l'ufage, après la foixantaine..... Eh !
mais ne vois – je pas les Graces ? Elles viennent,
fans doute, vous féliciter fur votre victoire.

ŒNONE.

Ah ! la belle famille !

SCENE XII, & derniere.

Les mêmes, excepté Minerve & Junon, les trois Graces.

La premiere des Graces.

Venez, mes sœurs, chantons la Reine de Cythere,
Célébrons ce grand jour, réunissons nos voix ;
Elle est mere du Dieu qui féconde la terre,
Et commande à celui qui la tient sous ses Loix

(Une troupe de Bergers & de Bergeres se rassemble à la voix des Graces.)

La premiere des Graces.

Venez Bergers, fêtons la Reine de Cythere ;
Unissez, beaux Bergers, vos Danses à nos voix.

Danse des Bergers & des Bergeres.

La même Grace.

La fortune perfide, & la gloire cruelle
Peuvent, pour un moment, séduire un jeune cœur.

  Mais si d'une belle
  L'aspect enchanteur
  Tendrement l'appelle,
  Bientôt il chancelle,
  Et l'amour l'attele
  A son Char vainqueur.

Danses des Bergers, &c.

Deuxieme Grace.

Quel nuage, ô mortels, vous cache la lumiere?
Les préjugés toujours feront-ils vos tyrans?
    Votre vie entiere
    N'est qu'une carriere
    De maux différents;
    Si l'on y voit naître
    Quelque fleur champêtre,
    C'est pour les amants.

Danfe des Bergers, &c.

Troifieme Grace.

J'ai moins d'art que mes fœurs, moins d'attraits
    en partage;
Et cependant, au gré de mes timides vœux,
    Du plus grand des Dieux,
    J'ai reçu l'hommage;
    Dis, Reine des Cieux,
    Quels font donc les charmes
    des fecrettes armes
    Que portent nos yeux?

Les deux premieres Graces, enfemble.

Chantez, chantez la Reine de Cythere,
Célébrez fon pouvoir, reconnoiffez fes droits;
Elle eft mere du Dieu qui feconde la terre,
Et commande à celui qui la tient fous fes Loix.

Les Graces fe réuniffent aux Danfes des Bergers
& des Bergeres.

Fin de la Piece & du Divertiffement.